# Von Dir berührt

Theresia Hauser

# Von Dir berührt

## Gebete und Gedanken

Schwabenverlag

Umschlaggestaltung und Layout: Wolfgang Sailer, Schwabenverlag
Umschlagabbildung: Roland Peter Litzenburger, Lied der Lieder, Tuscheaquarell 8. Febr. 1972 (Ausschnitt)
Satz: Schwabenverlag AG, Ostfildern
Herstellung: Memminger Zeitung Verlagsdruckerei GmbH, Memmingen
Printed in Germany

ISBN 3-7966-0970-8

# Inhalt

## *Nicht aus uns allein*

*Wir beten nicht*
*aus uns allein*
*Auch darin ist*
*Dein Heiliger Geist*
*uns voraus*
*Als unser*
*innerster Atem*

# Von Dir berührt

## Von Dir berührt

Die Worte
die ich Dir sage
haben sich in Dir vorbereitet
Sie atmen Dich
Sie schmecken nach Dir
Sie wohnten in Dir
Verlangen zurück nach Dir
Machen mich eins mit Dir

Deine Umarmung Gott
ob ich die Leibwärme
einer Mutter spürte
läßt mich gesunden
Tröstet im Schmerz

Deine Kraft in meiner Schwäche
hilft mir aufstehen
den nächsten Schritt tun
auf meinem Weg

## Unvermutet

Du kommst
wie wir es nicht
vermuten

Wie ein Blitz
zuckst Du auf
Wie ein Dieb
schleichst Du Dich ein

Kommst
als schmerzende Flamme
als sanftes Licht
oder als Hauch
der unsere Haut streift

Der Tag verliert
seine Gewöhnlichkeit

## Du

Du sagen
Und Dich meinen
Gott
Stellt mich auf die Füße
Und weckt meine Liebe

## Stroh

Mein Gebet heute
Stroh
Knochentrocken

Schick
Deinen Feuer-Geist

## Manchmal

Manchmal
bin ich verschlossen
Zu
Verriegelt ist die Tür
nach Innen
Dorthin
wo Du wohnst
komme ich nicht
Selbst das Warten
gelingt nicht
Unruhe
treibt mich aus mir hinaus
Wohin?

Berührt der Tau Deiner Gegenwart
meinen Geist
finde ich – endlich
zu mir
zu Dir

Selbstbildnis auf dem Weg

## Wandlung

Als ich mich
schaute
wie ich bin
stürzte der Engel
vom Himmel
riß mir die alten Kleider
vom Leib
und hüllte mich
in neue

Dennoch
Ich bleibe verwundbar

Begleite mich

## Wunden

Du berührst
meine Wunden

Sie bleiben

Aber geheilt
Trotz Narbenschmerz

Dereinst
verklärt

## Mach mich sehend

Mein Gott
Bewahre mich vor Selbsttäuschung
vor dem Daheimsein im Gewohnten
Vor der fadenscheinigen
Rechtfertigung
Dir gefalle dies und auch jenes
weil es eben mir gefällt
Stürz mich in das Feuer
der Reue
Schüttle mein Unterstes
zu oberst
Kehre mich um
damit ich sehe
wer ich vor Dir bin
im Angesicht des andern

## Ungenügen

Gott
Allein Dir kann mein
Über-mich-selbst-hinaus-Wollen
gelten
Auf wen sonst
verwiese mich mein Herz
von Sehnsucht heimgesucht

Was wir lieben lernten
kann uns nie voll genügen
den Durst nicht stillen
der in uns brennt

Du hast uns ein Herz gegeben
das zur Ruhe kommt
nur durch Dich selbst

## Auf Knien

Mein Denken
liegt auf den Knien
vor Deinem Geheimnis

Selbst wo Du Dich
offenbarst
bleibst Du verborgen

## Steilwände

Begriffe
die Dich fassen
wollen

Steilwände
an denen ich
abstürze

Halte Deine Hand auf
damit ich unten ankomme
Unverletzt

## Im Dom

Von Säulen getragen
von Bögen gehalten
in Schlußsteinen vereinigt
hoch wölbt sich der Dom

Raum nimmt dich auf
dreischiffig im Dämmerlicht

Die Zeit verliert dich
Die Hast fällt ab

Du wirst gegenwärtig Hier
Gewinnst Raum in dir

Nimmst teil an jahrhundertelang
vor dir geflüsterten Gebeten

# Der uns freundlich ist

## Sandkorngroß

Von Deiner Freundlichkeit
gib mir
Von Deiner Geduld

Sandkorngroß
wäre viel für mich
Ungeduldige

Freundlichkeit, Geduld
Gedankenlos bleib ich sie schuldig
besetzt von meinen Zielen
Lebe schon dort
statt hier

Gib mir Geduld
mit mir und den andern
darin Du Platz nehmen kannst
unter uns

## Gottesgeschmack

Als wäre das Leben
ein Glücksbaum
Als könnten wir davon pflücken
was und so viel wir wollten
Als könnten wir uns sättigen
jederzeit und für immer daran
Diese Hoffnung trügt

Unsere Seelen sind unersättlich
Ihr Hunger will mehr
als diese Erde bietet

In mancher Erfahrung von Glück
blitzst Du vor uns auf

gibst uns den Gottesgeschmack
auf die Zunge
damit wir mit weniger
nicht zufrieden sind
als mit Dir

## Begegnung

Wenn der Atem leicht wird
das Herz schlägt in den Worten
Wenn sie sich füllen
wie ein Glas mit rotem Wein

Wenn wir nach langem Irren
den Durst nach Verstehen stillen
Uns wieder und anders finden
im Gegenwärtigsein
können wir auseinandergehen

Der Abschied schmeckt
nach Wiedersehen

Laß dauern, Gott
was Du geschenkt

## Der uns freundlich ist

Du Gott der Menschenfreundlichkeit
bewahre die Liebe der Liebenden
und die Freude der Kinder
Stärke die Geduld der Eltern
Mach uns allen die Augen auf
für das Geschenk des Lebens

Mach uns fähig zum Danken, Herr
für das tägliche Brot
für den Wein und die Äpfel
für die Wärme im Ofen
für das Bett und das Dach
und für die nährende Arbeit

Wie könnte es anders sein
als daß Du uns freundlich bist
Gott, der uns gewollt hat und will
Der Jesus sandte
uns sagen und sehen ließ
Wir sind geliebt
Töchter, Söhne, Kinder Gottes
Wir sind geliebt

## Trockenzeit

Du verbirgst Dich
Zu lange, Herr
Wirst fremd
meinem Herzen
Ich irre umher

Doch immer
die Sehnsucht
der verborgene Strom
zu Dir hin

Daß er in Trockenzeiten
nicht gänzlich versiegt
Achte darauf

Sandig und steinig gewordene
Bäche im Südland
Du füllst sie mit Wasser

Gib auch mir
wieder Leben

## Dein Gedächtnis

Als wäre alles
in einen Punkt geschmolzen
das ganze lange, schöne
aufregende Leben
Manchmal bleibt dem Erinnern
fast nichts
Doch hoffe ich
es eingesunken
in Dich
Du mir zugeneigtes
liebendes Gedächtnis

## Mein-Unser-Gott

Ein In-Mitten-Gott
Ein Da-Gott
Ein Mit-Mir-Gott
Ein Über-Mir-Unter-Mir-Gott
Ein Inwendig-Auswendig-Gott
Ein Für-Mich-Gott
Ein Für-Dich-Gott
Ein Für-Alle-Gott
Ein Überall-Nirgends-Gott
Ein Ewig-Immer-Daseiender-Gott
Ein In-Beziehung-bleibender-Gott

Angebetet durch alles
was ist

# *Dich loben mit der Schöpfung*

## Das Wort

Kein Baum ohne Dich
kein Meer, kein Stern
Weder Milchstraßen, Galaxien
noch Sonne und Mond
Nicht Luft, Feuer nicht
Grashalm und Blume nicht
Höhlen, Täler, Berge nicht
Kein Tier
Weder Kind noch Frau noch Mann
Nichts ohne Dich

Was Du sprichst
wird

Jedwedes in Dir
Du in allem

Du selbst
DAS WORT

Was wir forschend erkennen
in Deiner Schöpfung
führt uns vor
Dein Geheimnis

## Erste Ansage

Vogelstimmen
zaghaft
vernehmbar über Wiesen
mit schwindendem Schnee

Über Äckern
liebkost
hauchdünner Nebel
das zarte Grün

Der Erde nahe
erschafft die Hoffnung
die ersten Blumen
in die frostige Zeit

## Krokusse

Neben Schneeresten
Krokusse
Daneben Blattspitzen
von Osterglocken
Schüchterner Vogelsang
begleitet
die Rückkehr aus der Kälte

Erwachen
in eine andere Zeit
unter der Sonne

Schwanenorchidee

## Im Garten

Im Vorübergehen
berührt
ein Blütenzweig
meinen Arm

Sein Anspruch auf
Dasein
durchzuckt mich

das Du allem zusprichst

## Kirschbaum

Winterlang
tiefschwarz nacktes Geäst
Der Kirschbaum

Plötzlich
bricht seine Haut auf

Alsbald Schneegeblüh
Der ganze Baum

Ob Schneegestöber
Graupelschauer
Ob Sonne ob Regen

Seine Zeit ist da

## Weide

Tiefhängende Zweige
an knorrigen Ästen über dem
Wasser im See

Schatten lagert sich unter
dem Laub
Die Sonne
legt Silber darüber
Der Wind
bewegt sanft die Stille

Du
berührst spürbar die Welt

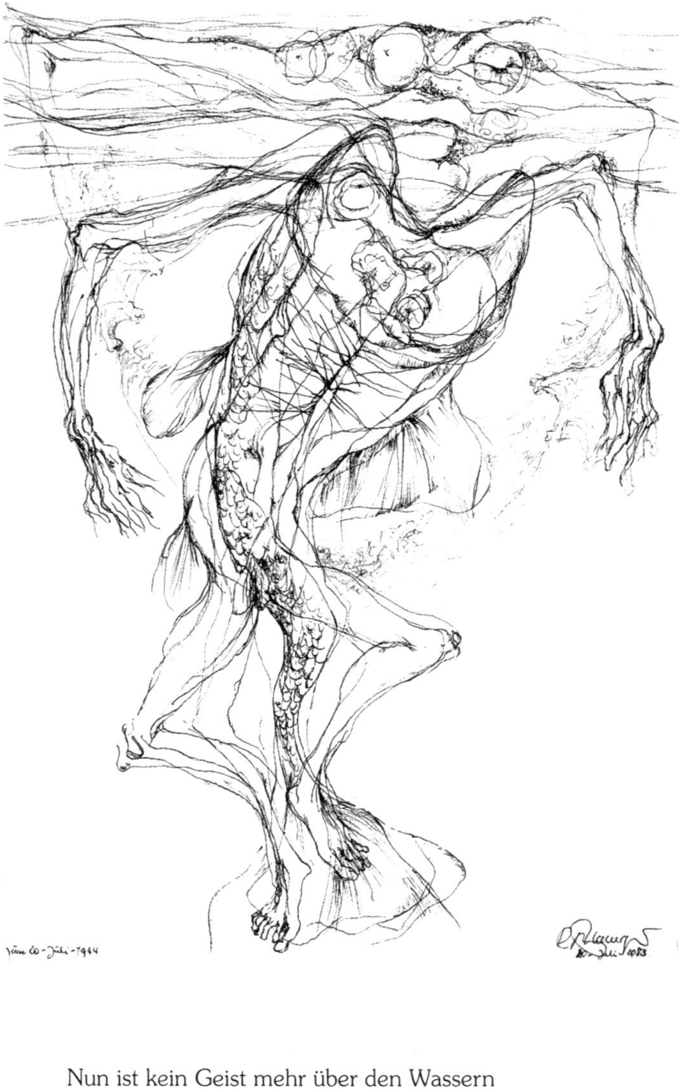


Nun ist kein Geist mehr über den Wassern
*oder*
Gekreuzigte Schöpfung

## Über den Wassern

Dunkle Wolken beschatten den See
Unbewegt
liegt das Wasser schwarzgrün
unter tiefhängendem Himmel
Als zöge der See sich zurück
auf seinen Grund
Kein Echo, kein Spiegelbild
kommt herauf
Tiefe Stille, Leere
Selbst der Wind schweigt

Über den Wassern des Anfangs
schwebte der Geist

## Morgenandacht

Am Morgen
glitzert die Regennacht
auf allen Zweigen
In tausend Tropfen
spielt die Sonne
Regenbogen
Halme am Boden
richten sich auf
Nicht lange bleibt
bei steigendem Licht
das gläserne Naß
Der Kiesweg am Bach
bekommt trockene Flecken
der feuchte Fels am Gipfel
ein helleres Grau

Wohin du schaust –
Alles ist
Alles wird

Und kommt aus Deinen Händen

## Wasser

Immer stürzen die Wasser
Hinab
Abwärts
rauschen die Bäche
Der Flüsse Strömen geht immer nach
Unten
Hinab
zum
Meer

Hinauf
aber zieht die Sonne
den Dunst der schwitzenden Erde

Schwangere Wolken
spenden Regen
Herab
auf dürstendes Land

Wie weise hast Du
alles gemacht

## Bach-Konzert

Nach Regentagen Sonne
Dunst über bewaldeten Hügeln
Schneebedeckte Gipfel
Der Berg

Am Weg der Bach
Blanke und bemooste Steine
verändern die Stimmen
schnell fließender Wasser
Tiefstimmig gurgelnd
geschwätzig hell
proben sie ihre Melodie

Farne am Ufer
würdig in herbstlichem Gelb
Lungenenzian und Eisenhut
tiefblau im Gras
Beeren an Hecken rubinrot
kristallen funkeln Tautropfen
im Licht

Ein Loblied auf Dich

## Grashalm

Halme – abertausende
biegen und beugen sich
stehn wieder auf
winden und binden
lösen und einen sich
im gelbgrünen Wellenspiel
unaufhörlich
im weiten Feld

Bienen besuchen
die verborgene Kammer
im schmalen Leib
schlürfen sie leer
bewahren die Süße
für winterliche Zeit

Grashalm
Im Windhaus bewegt
sturmgeschüttelt
regengepeitscht
sonnengegerbt

Wirst Heu
Wirst Saat
für einen neuen Sommer

Ein Kind ist uns geboren

## Herbst

Der Sommer fällt von den Bäumen
der Wind bläst die Blätter fort
Gelbe, braune, fahle und leuchtende
schaufeln wir vor uns her
Rascheln und Rauschen
zum Spaß für die Kinder
Leute mit Jahren im Rücken
Abschiedsgefühle und Trauer

Im letzten Nachmittagslicht
eine schwangere Frau
Bevor es zu schneien beginnt
wird es kommen
Das Kind

## Kürzere Tage

Nicht mehr lang
währt der Herbst
wenn in den Fässern
der Most gärt
Sturm orgelt
im kahlen Geäst
Regen klatscht
auf fahles Laub
und die Wärme sich hält
in den Häusern

Kürzer werden die Tage
und kälter

Bald stirbt das Jahr
im weißen Leintuch
des Winters

## Der erste Reif

Die Birken starr
im ersten Reif
Gläserne Welten
erschafft die Sonne
unter klarblauem Himmel

In klirrender Kälte
verwehende Fahnen
unsere Atemzüge

Wer heimkommt
taut auf

## Wintersaat

Zwischen dem zweiten
und dritten Schneefall
ist der Acker
im Januar grün
Die Saat steht
zitternd im Wind

Aber die Wurzeln erstarken

Nachtphantasie

Nachts bekommen Bäume
Flügel
Mondsilbrig in hellen Nächten
Skelettarmig Äste bei Schwarzmond

Mit ihnen stürzt du in Abgründe der
Angst
Manchmal erreichst du Himmel der
Leichtigkeit

Nachts haben die Wege tausend
Fallen
Kaltfingrige Hände greifen nach
dir

Nachts fallen aus dem All die
Sterne
vor deine Füße und der
Mond
wird zum Seerosenteich

# In Nöten

## Düsterer Alltag

Wenn die Müdigkeit von vorgestern
noch in den Gliedern hängt
die Augen verschattet
das Herz öde
Wenn Nebel
in die Häuserschluchten
der Großstadt sinkt
die Sonne tagsüber
nicht durchkommt
Wenn alle Stunden grau bleiben
der Alltag zu Boden drückt
haderst du
Nie wieder komme ich hoch

Ein anderer Tag
bringt Licht

Immer von neuem
danke ich Dir

## Warum

Kinder suchen
den Weg ins Leben
mit ihrem Warum, Warum

Erwachsen geworden
bleiben wir hartnäckig
an dieser Frage

Warum diese Krankheit
diese Behinderung
dieser Körper
Warum dieser Unfall
dieser Mißerfolg
Warum dieser frühe Tod
dieser Verlust
Warum das karge Leben
diese Aussichtslosigkeit

Du schweigst
Wir kämpfen verzweifelt
gegen das Schicksal
Empören uns
Leiden im Nichtverstehen

Du antwortest nicht

Erst in der Ergebung
tränenreich und bitter erlernt
schimmerst nach langer Zeit
Du durch das Dunkel
In der Ahnung von Sinn

## Um die Gabe der Tränen

Tränen
nach innen gefallen
zu Stein geworden
hemmen lichtscheu
den Blick
Hängen
in trockenen Wimpern
schmerzend
unter dem Gewölbe der Brauen

Gib Wasser
den Augen
Löse die Tränen
Erweiche
verhärtetes Land

## Zumutung

Ich schließe die Augen
schau vor mich hin
Hast du
mein Erschrecken gesehen
als du mich fragtest
ob ich mich
kümmern werde
um deine Schwester
in der fremden Stadt?

Jesus sagt
wir sollen ihn
im andern sehen

Eine Zumutung

## Aufgeschreckt

Abgründe in mir
Was reißt sie auf
Plötzlich
Gähnend

Wie ging ich darüber hin
Lange Zeit

Abgründig lebst du
Längst
bevor man dich eingräbt

Doch Du sagst
Fürchte Dich nicht
Steh auf

## Angst

Noch weiß sie nicht
ob der Knoten
in ihrer Brust
gutartig ist oder nicht

Die Angst brennt
unter der Haut

Gott
laß sie in dieser Haut
spüren
was der Psalmist sagt
Du umgibst mich von allen Seiten
und legst Deine Hand auf mich

1999

Menschen
massakrieren, töten
verscharren Menschen
in Massengräbern
Menschen

Menschen
werfen Bomben
vernichten Häuser, Städte, Kulturen
Menschen

Wer sind wir

Menschen
hören die Schreie
sehen die Not, die Flucht
der Mütter, Väter, Kinder, der Alten

Aufstand der Menschlichkeit
Weltweit

Mitgefühl
Tatkräftige Hilfe

Trotzdem Ohnmacht
vor soviel blinder Gewalt
und Starrsinn

Inmitten von Todesmächten
– in uns allen lauern sie –
wird die Kraft Deiner Auferstehung
sichtbar
in jedem, der hilft
in allen, die Frieden suchen

Gott, hilf uns
Menschen für Menschen
zu werden

## Nicht allein

Nicht allein komme ich
Ich komme mit dem Elend
der Vertriebenen
Im Herzen. Im Kopf
Ich seh sie in Wäldern hausen
auf glitschigen Pfaden angstvoll
flüchten
Ich seh sie in Zelten
auf Feldern Albaniens
und Mazedoniens
und anderswo
Mit ihnen komme ich
zu Dir
und frage und rufe an ihrer Statt
Denn stumm geworden vom Entsetzen
über das Geschehene
aus dem sie kommen
weinen sie vor sich hin
über getötete Kinder, Männer
vergewaltigte Frauen

Sie weinen vor Dir, Herr, zu Dir
ohne Tränen
aus müden Leibern
trostlosen Herzen
zerstörten Seelen

Ohne Heimat
Ohne Zukunft

Trotz menschlicher Hilfe
Nur Du kannst helfen
Hilf!

Bekehre die Unversöhnten
Zum Frieden

## Notruf

Nicht immer ist Zeit
für lange Gebete
Aber zwischen Atemzug und Atemzug
Deinen Geist anzuflehen
dafür ist jeder Ort recht
und jeder Augenblick richtig
Daß er herabfahre zwischen
die Mächtigen
kriegslüsterne Pläne zerstöre
Wo das Töten nicht enden will
Menschen zum Frieden führe

Jederzeit die Zeit zu unterbrechen
und mit Inbrunst zu rufen
Erbarme Dich
ist trotz unserer Ohnmacht
notwendendes Tun

Mitten hinein in die Bilder
vom Geschehen des Tages
Überflutungen, Erdbeben, Explosionen
Terror und Mord
Korruption und Gewalt
Dich zu erinnern
Du bist der Freund der Armen
der Gebeugten

Bedrückten, derer, die im Elend sind
Laß sie nicht ohne Beistand
nicht ohne Hilfe
Auch nicht die zum Tod Verurteilten
die Gefangenen nicht in ihrer
einsamen Verzweiflung
Laß niemand allein

Stärke und Mut gib jenen, die helfen
uns allen genug Phantasie
um unsere Hände zu rühren
und unser Denken zu ändern
daß wir an Orten der Not
Stellvertreter Deiner Hilfe sind

Laß uns nicht aufhören
was an uns ist, zu tun
Laß uns nicht müde werden
im Hoffen und Glauben
daß wir mitarbeiten
an Deiner neuen Welt
Laß Gerechtigkeit werden
die Dein Maß hat
und Frieden schaffen in Deinem Geist
Deine wunderbare Schöpfung
sie zu bewahren
hilf uns

## Zweifeln

Weiß ich
ob und wie ich Dir glaube?
Geschweige denn
Dich liebe?

Gewiß
Ich tue jenem dies
und dieses jener
Wie Du geboten

Auch sage ich oft
Ich liebe Dich

Dennoch
Dich lieben?
Ferner – Unendlicher
Ich? Dich?

Nicht wissen
Im Ungewissen
mich auf Dich verlassen
Dich noch im Zweifel suchen
Wieder Halt finden
Glauben

## Gottesnot I

Von Dir kann ich nicht mehr reden
Gott
Du hast mich ins Schweigen geschickt
ins Abseits gestellt
Dorthin, wo nicht gejubelt wird
gefeiert nicht und nicht gedankt
Ich bin, wo geklagt wird
und wo einem die Worte auch
dafür noch ausgehn
Meine Seele
durchforsche ich
Ob Du nistest in einem der Abgründe
die ich selbst nie betreten
Nicht aufzufinden bist Du
anzutreffen nirgends
Nicht zu fühlen, zu spüren nicht
im Würgegriff der Ohnmacht

Gib mir wenigstens wieder
den Schrei
Erbarme Dich, Gott, hilf mir!
Aus dem Dunkel hinaus
ins Licht führe mich
Bevor mich der Unglaube einholt
Herr, hilf meinem Glauben

## Gottesnot II

Mir zieht es die Haut vom Leib
mein Atem stockt
wenn Du ausziehst aus Geist
Seele und Leib
Als würde das Leben entweichen
ausfließen aus allen Zellen
in die Leere Deiner mich
plötzlich überfallenden Abwesenheit

Erschreckender Sturz
in das schwarze Loch des Zweifels
OB DU BIST
Die Eingeweide voller Übelkeit
mit der Qual der Fragen

Warst Du ein Trugbild nur
Gott nicht, dem ich glaubte?
Auf den ich setzte?
War es Deine Berührung nicht
die mich taufte mit dem Wasser
der alles wandelnden Erfahrung
Du bist!

Warst Du es nicht?

In der Kältezelle
Deiner anwesenden Abwesenheit
unvergleichbare Verlassenheit

Bis in Herz und Niere
brennt sich die Erkenntnis ein
Wie kann ich leben ohne Dich

Karfreitag – Kreuzabnahme

## Karfreitagsnacht

Das fremdeste
Deiner Gesichter
Die unfaßlichste
Deiner Erscheinungen
DER TOD

Schrecken
Entsetzen
schrie selbst Jesus hinaus
Dich so nicht erkennend
am Kreuz
Warum hast Du mich verlassen

Gott
selbst im Tod verborgen da
Du reißt ihn aus tötender Finsternis
hinein in Dein Leben
Dein Licht

Mit verklärten Wunden
der Auferweckte
bezeugt DICH
den
UNSICHTBAR LEBENDIGEN

# Aufbruch

## Aufbrechen

Oft wissen wir nicht
wohin wir den Fuß setzen
Dennoch gehen wir

Allein so
zeigt sich der Weg

Und mit dem Gehenden
gehst Du

## Dornbusch

Noch immer
in unserer Wüste
lodert das Dornbuschfeuer
Deine brennende Gegenwart
unter uns

Manchmal geraten wir in
ihr Licht
ihre Wärme
ihre Strahlung

Manchmal hören wir
Deine Stimme

Schuhe ausziehen
Barfuß gehen
Andere mitnehmen

Du sammelst Dein Volk

Nicht ohne mich

## Von jeher der Ruf

Seit Abraham der Ruf
Geh
Verlasse dein Land
Du wirst ein anderes finden

Wandere aus mit dem Volk
aus Ägypten
So sprichst Du zu Mose
Ich bahn' euch den Weg
durch Wüste und Meer
Ich mache euch frei

Allen Propheten der Ruf
Geh
Nach Sarepta, lauf zum Berg Horeb
So hört ihn Elija
Geh nach Ninive, Jona
warne die Leute
sonst gehen sie unter

Viel später Du, Jesus

Geh, sagst Du der Frau
Dein Glaube hat dir geholfen
Und der Blutfluß stand still

Den Hauptmann schickst Du
zurück durch die Nacht
Dein Knecht ist gesund
hast Du versprochen

Den Lazarus rufst Du
heraus aus dem Grab
Den Umstehenden befiehlst Du
Bindet ihn los, laßt ihn gehen
Die Ehebrecherin tröstest Du
Ich verurteile dich nicht
Geh, sündige nicht mehr

Dem Tauben der Ruf
Ephata, tu dich auf
Dem Aussätzigen
Geh, zeig dich dem Priester

Die Jünger lockst Du
Folget mir nach
Am Seeufer weißt Du
Auf der anderen Seite ist Fülle
Werft dort euer Netz aus

Vor Deinem Weg-Gehen Dein letztes
Geht
in alle Welt
Sagt allen Ich bin es

Immer das Weg-Gehen
Gewohntes, Vertrautes
eintauschend gegen
Fremdes
In dem Du aufleuchtest

Im Dunkel des Glaubens

## Elija

Schwere Beine
hat seine Liebe bekommen
Dich anklagend
liegt Elija unter dem Strauch
Mehr als den Schatten des Ginsters
ersehnt er den tröstenden Windhauch
Ohne ihn steht er nicht wieder auf

Für vierzig Wegtage
schickst Du ihm Wasser und Brot
durch den Engel
Der sagt
Steh auf, iß und trink
Zum Berg Horeb ist es noch weit

Dort rufst Du ihn
heraus aus der Höhle

Nicht im Sturm
im Feuer nicht und nicht
im felsenspaltenden Beben
erkennt er Dich

Im leisesten Säuseln
wird er Deiner gewiß

## Frohe Botschaft

*Kommt*
sagst Du zu ihnen
am Jordanufer
Komm
Sagst Du zu mir

*Seht*
wo ich wohne
Wer ich bin
Die Jünger folgten Dir
Und sahen

*Bleibet*
in meiner Liebe
sagst Du beim Abschied
zu ihnen
So auch zu mir

## Sagt Jesus

Der Besitzer
des Weinbergs
wollte ihn umhauen
den Baum

Drei Jahre schon
brachte er nichts

Den Boden
soll er
nicht auslaugen
gar anderen Bäumen
schaden

Doch da war
der Gärtner
– sagt Jesus –

Der bat
für den Baum

Laß ihn stehen
Ein Jahr noch
Er bringt Frucht
Du wirst sehen

Er düngte
Hackte die Erde auf
Luft für die Wurzeln

Sonst sah er nichts
der Gärtner
Er *hoffte*
Sein *Tun* werde es bringen

## Trotzdem

Nichts Vollkommenes
gibt es auf dieser Erde
Alles Gelebte
Versuch, Fragment

Trotzdem aufbrechen
Alles versuchen
Bis an die Grenzen gehn
Auch darüber hinaus

Selbst das Unscheinbare
ist groß vor Dir
Getan aus Liebe

## Läuterung

Leiden
zerbricht unsere
Egoismen
Selbst in unsere Liebe
schleichen sie sich ein

Keiner kann sagen
er bedürfe der Läuterung
nicht

## Der Preis

Du sagst
Wer sein Leben gewinnen will
muß es verlieren
Nur so werde uns
Fülle geschenkt
Mit dem Geschmack
der Unvergänglichkeit

## Hart

Dein Liebesgebot
Jesus
bürstet uns
hart gegen den Strich

Auf dem Weg
*oder*
Für Augenblicke Vermittlung

# Wir

Du
Ich
Ich Du Wir

Zwei eins DREI
Für Augenblicke
Vermittlung

Glück
Trennung
Schmerz
Ernüchterung
Tod
Sehnsucht

Aufstehn zu mir selbst
Ich

Ich
Du
Du Ich Wir
Wieder Ich
Wieder Du

Ich Du Wir
Sind wir drei-faltig gedacht?

## Bis Wind kommt

Manchmal kann ich nicht aufstehn
aus meiner Traurigkeit
Die Seele lahmt
zwischen den Rippen
Mit gelähmten Flügeln
lieg ich am Boden

Komm, Wind
der mich aufhebt, auftreibt
in Lüfte

## Verlorene Anfänge

Verloren ging
im Alltagsgestrüpp
manch schöner Anfang
Du weißt nicht wie

Im Wieder-Anfangen
gewinnst du Hoffnung

Anders kannst du
nicht leben

# Vergänglich

## Augenblick

Nimm den
Augenblick wahr
In ihm
schenkt sich das Leben

## Gezählte Zeit

Nach Stunde und Tag
bemessene Zeit
Sekundengezählt
gibst du
nie mehr
nie weniger
Keinem
Wer er auch sei
Unbestechlich
bleibst du gerecht

Nur den Liebenden
selbstvergessen
einer beim andern
zählst du
die Schläge der Uhr nicht
die selbst dir
nicht erlaubt
zu verweilen

Zeit
Sand im Stundenglas
rieselst auch durch mich
hindurch

Ich entkomme dir nicht
Bin zeitlich

Und überschreite dich dennoch

Im Tod

## Jahreswende

Wieder einen Terminkalender
zu den seit Jahren gesammelten
Wieder erschrecken
über das Vorbei der Zeit
Ihr Hin-schwinden
Weg-gehen
Ver-gehen
ihr Nicht-mehr-Sein

Wieder blättern
in leeren Seiten
eines kommenden Jahres

Wieder Pläne
Hoffnungen
Schmerzende Erinnerungen

Wieder der Wunsch
Nur gute Tage möge es bringen
DAS NEUE JAHR

»Meine Zeit in Deinen Händen«

## Genarrt

Da läßt Du uns leben
unter Sonne, Mond und Sternen
Teppiche aus Blumen
unter den Füßen

Da kommt der Wind
verweht unseren Atem
als wären wir nie gewesen

## Nur in meinen Träumen

Kaum ist es grün
mähn sie das Gras
Die Sonne
leckt am Wurzelgrund
und dörrt ihn aus
Das Haar der Erde
ergraut zum Herbst hin
in den weißen Nebel Vergängnis

Nur in meinen Träumen
blüht der Wiesengrund immer

## War es das schon?

Wenn alles aufblüht
und Laub kommt
glaubst du
das Jahr fänd kein Ende
Als hätte die Zeit
einen Vertrag geschlossen
zum Bleiben
Du richtest dich ein
staffierst dich aus
Deine Mauern sind dick
deine Pläne handfest

Und dann fragst du
War es das schon?
Was kommt noch?
Und danach?

## Hoher Sommer

Hast du die Rosen gesehen
wie sie aufblühen
und die Lupinen
blau, rot, violett
Wenn der Sommer sein Fest hat
braucht er Kerzen
Die Kastanien sind
längst verblüht
Schon kommen die Früchte

Wer nicht gepflanzt hat
braucht keinen Korb
für die Ernte

## Gerstenfeld

Noch bevor der
Kalendersommer beginnt
schlägt der Herbst
im Gerstenfeld zu

Die Halme gilben
allem anderen voraus

Wenn das Feld weiß wird
sagt Jesus
Wisset
die Zeit ist gekommen

## Verklärte Vergänglichkeit

Vor meinem Auge
die Herbstbirke
im Garten des Nachbarn
Blatt für Blatt
pures Gold
in der Abendsonne

Vor meiner Seele
der Farbzauber
des »Goldenen Fensters«
in der Abendseite
des Doms zu Altenberg

So viel verklärte Vergänglichkeit
Hier
Und auch dort

# Erinnern

Wenn ich am Ende meiner Tage
in das Land meines Lebens schaue

Wenn der Horizont des Erinnerns
sich weitet und lichtet

Wenn die Monate und Jahre
über ihre Ränder fließen

Wenn das Gelebte sich hinbreitet
dem inneren Auge

Wenn ich werte und deute
Sinn und Gewicht

Wenn ich mich frage
Wer bin ich gewesen
in der langen Ausdehnung
der kurzen Zeit?

Werde ich Dank empfinden
Reue, Trauer
oder nur Freude?

## Novembergedanken

Wenn meine Füße nicht mehr
über die Erde gehen
meine Stimme verstummt sein wird
Wenn meine Hände ruhen
ineinandergelegt
Wenn eine Lücke bleibt am Tisch
an dem ich saß
Wenn meine Arbeit liegen bleibt
mein Zimmer leer
Wenn sie mich weggetragen
und eingegraben haben

Wird eine Spur bleiben?
Wie lange?

Wird jemand sein
der sie wahrnimmt?

## Advent

Ganz unerwartet
ist ein Licht
in mir
das mich verzehrt

Bald will ich
nichts anderes mehr
als verzehrt werden

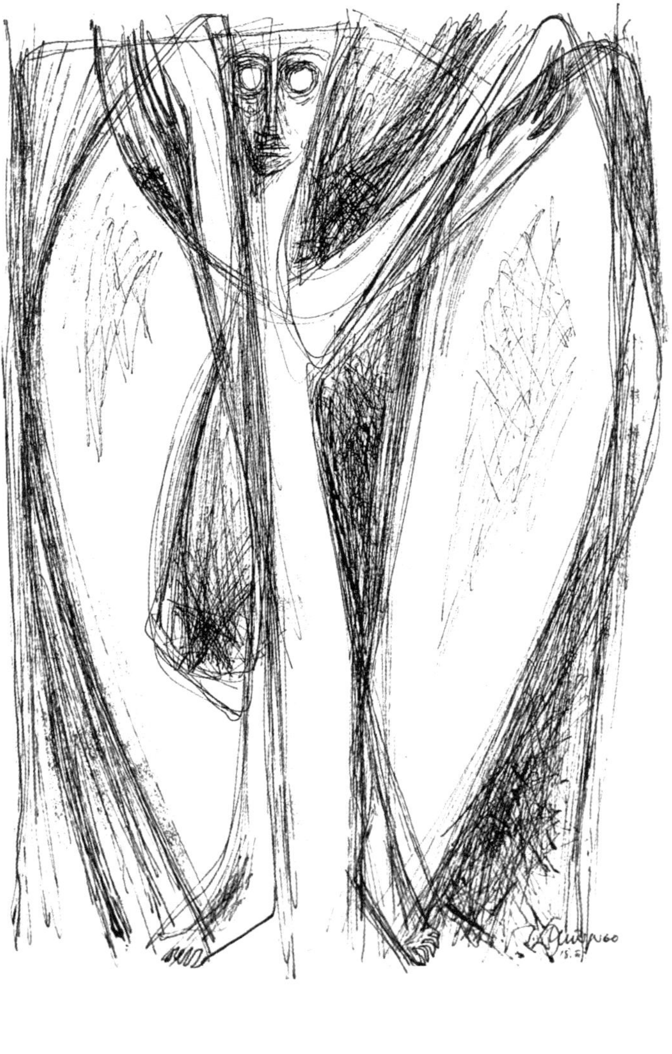

Todesengel

Kommt der Engel
an meine Schwelle

Das Leben aushauchen
Wie wird es sein
an dem Tag
der mein letzter sein wird?

Kommt der Engel an meine Schwelle
mich abzuholen
will ich den Abgrund
nicht fürchten

Wirst Du selbst da sein?
Wird Dein Auge mir leuchten
Du Licht der Welt
im dunklen Geheimnis des Seins?

Schlag jetzt schon die
Brücke
durch Deine Nähe
Darin das Vertrauen mir wächst
solang ich noch lebe

## Einmal

Wie Schmetterlingsflügel
zittern die Augenlider
wenn ungeschützt du
ins Licht schaust
Nicht lange hältst du ihm stand

In den Dunkelkammern
des Lebens
übt unser Auge
sich ein für die Schau
einer anderen Sonne

Einmal
am finstersten Ort
unseres Lebens
so hoffe ich
geht uns bleibend
*Dein* Licht auf

## Glaubensträume

Wenn der Augenblick kommt
und er wird kommen
da ich einziehen werde
in das Haus meiner Träume
Ich werde nicht mehr aufschrecken
und mir sagen müssen
daß ich nur geträumt habe

Ich werde einziehen
am Ziel sein
am Tisch sitzen
inmitten der andern

Eines Tages wird es so sein

Es wird kein Traum sein
Es wird wahr sein
wenn ich erwache

Ich werde erwartet

Eine Wohnung
ist dir bereitet
Sagt Jesus

Bildnachweis

Umschlagbild, Seiten 18, 42, 46, 52, 78, 96, 116: Roland Peter Litzenburger. © Gretel Kunze, Künstlerischer Nachlaß, Markdorf